Ingeborg Reiter

S'Gredad auf der Gred

Ingeborg Reiter, geboren 1941 in Braunau und aufgewachsen auf einem Mühlviertler Vierkanthof in Selker bei Pregarten, entdeckte ihre Lust am Schreiben erst im Pensionsalter.
Ihre humorvollen Texte in Mühlviertler Mundart entstanden zunächst in der Autorengruppe „Mühlviertler Schreiblust". Seit kurzem ist sie Mitglied beim „Stelzhamerbund".

Ingeborg Reiter

S'Gredad auf der Gred

Bibliografische Information der Deutschen Nationalbibliothek:
Die Deutsche Nationalbibliothek verzeichnet diese Publikation
in der Deutschen Nationalbibliografie; detaillierte bibliografische
Daten sind im Internet über dnb.dnb.de abrufbar.

Impressum:

© 2019 Ingeborg Reiter

ISBN 9783749407057

Herstellung und Verlag:
BoD – Books on Demand, Norderstedt

Vorsatz

Mei Vorsatz is, da arbeit i nu dran
(es geht net ums Raucha, Tringa und a koan Mann).
I wü a dickane Haut nu kriagn unbedingt.
Ob ma des in mein Leben nu gelingt?

Inhalt

A kloane Ranglerei

Wer de alte Wirtsstubn nu kennt hat, der wird a nu wissn, dass links neben der Gaststubntür d'Schank und rechts der Stammtisch war und dort a de Tür in'd Kuchl aussiganga is. Im Winter is da nu oiwei a Holzofen gstandn mit aner langen Reahrn dran bis in d'Kuchl aussi, wei da is ja nu amoi warm danaganga. Am Stammtisch sand amoi a etla Manna banand gsessn und hanbd üba alls Mögliche debattiert, wia's halt so is in de Wirtshäusa.

Mit da Zeit und mit jeder Halbe is de Debatte aba oiwei hitziger wordn. Da Wirtin ihre Beschwichtigungsversuche habn a nix gnutzt, wei'de andern Gäst dawei fest gstichelt habnd. A so hat's net lang dau't, bis si zwoa Gäst gegenseiti an d'Gurgl ganga sand. A jeder von de zwoa Streithansln hat an rotn Schedl kriagt und des Blickfeld hat si nur mehr auf den Kontrahentn beschränkt. So habn's bei eahnera Ranglerei ganz übersehgn, dass eah da Ofn im Weg gstandn is. Auf amoi is da Ofn nimma auf sein Platz gstandn und de Ofnreahrn is auf de zwoa Hitzköpf owagsaust, so dass eahna Gsichtsfarb ganz schnö va rot auf schwarz gwechselt hat. Natürli sand de andern Gäst vom Ruaß und Aschn a net vaschont bliebn.

Wann da grad a neicha Gast bei da Tür einaganga war, der hätt glaubt, er is auf aner Rauchfangkehrerversammlung, so schwarz voll Ruaß, wia's alle da gsessn sand. Vor Schreck hat's alle d'Red vaschlagn und habn ganz dadattert dreigschaut.

Die Wirtin hat si als erstes dafanga und hat glei a saftige Gardinenpredigt über eahnere schwarzn Häupter niedergeh lassn, de was si gwaschn hat und hat eah aba glei Gelegenheit zur tätign Reue gebn, in dem dass alle zan Putzn eiteilt hat. Bei dera Gelegenheit habn's a glei Ofn kehrn derfn, wei da Saustall sowieso scho fertig war.

Damit si die Wirtin wieder beruhigt, habnd alle brav z'sammgholfn beim Spurn beseitign, dann habn sie si nach getaner Arbat wieder za aner frischn Halbe Bier z'samm-gsitzt. Dabei is nachdenkt wordn, um was bei dera Streiterei eigentli ganga is. Zan Glück is eahna nimma ei'gfalln, wei nu amoi de ganze Hektik va vorn wa'eah dann do z'vü gwen. Was dahoam eahnere Frauen dazöhlt habn weng dem schwarzn Gwand, des kann i eng leider net sagn. Da hat's sicher verschiedene Versionen gebn. I woaß nur, dass beim Wirt oft nu d'Red war vom unfreiwillign Ofen kehrn und de freiwillign Helfer.

A kloane Kräuterkunde

A Hildegard von Bingen werd i nia werdn,
aba a bissl was kriegt's von mir jetzt z'hern.
Brunnkress, Saurampfer, Löwenzahn etc. unter
Erdäpfelsalat gmischt,
wird im Fruahjahr zan Entschlackn gern auftischt.
Bekannt is da Weißdorn, guat für's Herz,
Beinwellschmier hilft gegn Gliederschmerz.
Vor aner jedn Hollerstaudn ziag den Huat,
de Bliah und de Beern davon sand für vü Sachan guat.
Wann de schnelle Kathi is auf Bsuach,
schnell de trickertn Hoabeer virasuach.
Pfefferminztee trink, wann di de Gall'tuat tratzn,
Schöllkraut soll helfn gegn die Warzn.
Wann dir da Hals tuat scheißli weh,
dann gurgelst mit'n Salbeitee.
Schafgarbn und Frauenmantel sand guat gegen
Frauenleiden,
Maiglöckerl sollst aber liaba meiden.
Bärlauch is da bedeutend gsünder.
Bei Husten machst a Zwüfischmier für deine Kinder.
Huflattich, Spitzwegera und Eibisch soll da a guat sei'.
Da Wermut renkt dir den Magen wieder ei'.
Mit Birkensaft eireibn soll gegn Glatzn wirkn,
heilsam sand a de Blätter va de Birkn.
Goldrute und Zinnkraut nimm, wann dei Blasn spinnt,
Lindnbliahtee trink, wann dei Nasn rinnt.

Brennessel sand zu Unrecht so vaschriagn,
de kinnan dem Körper des Wasser entziagn.
Sellerie soll steigern die Potenz,
wannst gnuag isst, erlebst nu amoi an Lenz.
An etla Kräutln tat i scho nu kenna,
mecht aba nur mehr de vüseitige Ringlblume und de
Kamilln nu nenna.
Arnikaschnaps desinfiziert de frischn Wundn,
nur gegn Dummheit hat nu neamd a Kräutl gfundn.
Bevor ihr mir jetzt wollt's des Mäu vastopfn,
Nehmt's glei zur Beruhigung Baldriantropfn.

Advent

Es is wieder amoi so weit,
mia sand mitten in da Vorweihnachtszeit.
Weihnachtlich gschmückt is umadum
de ganze Stadt und jede Stubn.
D'Hausfrau'n tobn si aus beim Kekserlbacha.
Geschäftsleit wolln a fest Umsatz macha.
Dort und da Konzerte und Adventliada singa,
solln alle Leit in d'Weihnachtsstimmung bringa.
Heifti Weihnachtsmärkte helfn oan beim Denga:
Was soll ma denn an jedn bloss schenga.
Vü Leit siacht ma a bei de Punschstandl steh,
hoffentli toans dann z'Fuaß hoamgeh.
Früher war da Advent vabundn mit'n Rorate geh
und meistens war da scho a Haufn Schnee.
Am 6. Dezember war da Nikolaus bei de bravn Kinder
auf Bsuach
und hat eahna vorglesn ausn goldenen Buach.
Z'Weihnachtn hat's gebn oft nur a Kloanigkeit,
trotzdem hat ma si scho recht auf's Christkindl gefreit.
S'kimmt net drauf an, wiavü ma schenkt,
Hauptsach es hat wer ganz liab an wen denkt.

Alles Gute kommt von oben!

Unlängst sitz i auf der Pienken in da Sunn so da,
lass mi warma und denk über allsmögliche grad na',
da kimmt a Dohln gflogn und a zweite hinterdrei,
glei fallt ma da des Geschichtl ei':
Es is zwar aus scho(n) vüle Jahr,
aba es is so gwen, is wirkli wahr.
A Dohle is, wenn's wer net kennt,
a großer schwarzer Vogl, der sehr intelligent.
An solchan hat's gebn in Kefermarkt vor Jahrn,
der is recht hoamli aba a oiwei frecher wordn.
Der hat bei de offenen Fenster oft geschaut,
was dort grad zan Essen gibt.
A was Glanzat's war bei eahm sehr beliebt.
Der Spruch: „Der stühlt wia a Dacha!" kimmt net grad
va ungefähr,
nix war vor dem sicher, Geschichtl gabat's da no mehr.
Aba oane is mia bsunders in Erinnerung,
von oaner Arbeitskollegin, de war nu sehr jung.
Weil sie nu war so jung an Jahrn,
drum is mitn Autobus in d'Arbeit gfahrn.
Amoi vorm Hoamfoahrn, am Bankl, froh,
dass endli z'Sitzn kimmt,
si glei den Ausweis richt' und in d'Hand scho nimmt,
gefreit si am Feierabend und denkt a wengal na'(ch),
da kimmt der zahme Vogel, schnappt den Ausweis
und auffi damit auf's Da'(ch).

A guter Rat, der wa jetzt tei',
da Autobus, der kimmt do glei.
Zerscht red's eahm zua: „Geh, liaba Vogl. sei net zwida,
gib ma na grad den Ausweis wieder!"
und dann scho zornig: „Geh hab mi gern, du blede Dohln,
di sollt na glei der Teifi holn.
Wann jetzt fahrt glei da Bus daher,
was erzöh'i dann dem Buschaffeur?
Sollt i eahm sagn, der Ausweis is mit'n Vogl aufm Dach?
Der sagt höchstens: D U hast an Vogl, dass i net lach!"
Der nächste Gedanke war dann glei,
si Hilfe z'holn in der nahen Spenglerei.
De habm de lange Loatern schnell angloant,
des arme Dirndl hat scho gwoant.
Wia da Bus scho kimmt um d'Èck'n bogn,
is da Busausweis plötzli vom Dach abagflogn.
Vielleicht hat si de Dohln vor Lacha nimmer kinna haltn,
und dabei is ihr da Ausweis aus'n Schnabel gfalln?!

Auf der Ofenbänk

Wann i in meine Gedanken auf mei Kindheit zruckschau,
fallt ma unser Kachelofn ei', in himmelblau.
Fühl mei glei wieder in mei Kinderzeit vasetzt,
wo de Ofenbänk gern war va alle besetzt.
Jeder wollt auf d'Nacht auf dera Bänk dort an Platz,
meine Eltern, mei Schwester und natürli a d'Katz.
I mit meine lange Zöpf
und mei Schwester mit da Gretlfrisur,
mei, war des sche, wo sand de Zeiten nur.
Kimm oiwei weida dann ins Sinniern,
siach mi mit meiner Schwester oft singa und musiziern.
Sie hat so guat Zithern spü'n kinna,
des war oafach a Freid
und i, i hab's halt mit da Gitarr nu begleit'.
Drum her i a Zithern heit nu so gern,
bei an Zithernklang kunnt i frei wunderli werdn.
Mia habn uns auf da Ofnbänk unterhaltn
über Gott und de Welt
und d'Muatta hat uns vü Gschichtn va friahra dazählt.
Da gibt's sogar nu a Foto mit da Muatta
auf da Ofnbänk drauf,
des halt i in Ehrn, heb i oiwei nu auf.
Mi ziemt, wann i des Foto mit da Muatta
beim Kachlofen betracht,
da geht's oiwei nu warm dana.
so wia damals auf d'Nacht.

Bargeldlos

De Medien berichtn oiwei öfter in letzter Zeit:
Der gläserne Mensch is nimmer weit.
Und des net nur des „Elga" wegen,
i muaß a sunst alles belegen.
Irgendwann, des wird ma klar,
kann i bald nix mehr zahln in bar.
Der Gedanke spukt ma jetzt dauernd in mein Kopf umadum,
do i kann mir's net vorstelln,
za dem bin i z'dumm.
Wia des funktioniern sollt an der bargeldlosen Front,
so ganz ohne Geld, des übersteigt mein Horizont.
Zum Beispü, a Leidenschaft va mir is'Tarockiern.
Triaff mi mit Leit, tua was für's Hirn.
Aba muaß i dann nach jedem Gspü mei Konto bewegen
oder gar mein Spatzn, mein Uhu oder an Dreier belegn.
Muaß i mi rechtfertigen oder steht ma des frei,
wann i a Tortn iss zan Kaffee in da Konditorei?
Stirbt Kellnerin um ihr Trinkgeld gar
oder d'Friseurin, de mir schneid't de Haar?
Fallt in da Kircha da Klinglbeutl weg,
oder schmeiß i dann eini halt an Scheck?
Des Klingln und Scheppern hat da Pfarrer eh net so gern,
er tat's eh vü liaba rascheln hern.
Was mach i mir a für unnötige Sorgn,
wia ma de Schmiergelder deklariert dann morgen.
Wann ma dann all's so registriert,
so hab i weidagspunna und sinniert.

Kann ma dann vüles decken auf
und des Verhängnis nimmt oft sein Lauf.
Ohne Beleg gab's dann gar nix mehr,
es hilft nix, der Zettl, der muaß her.
Wann vielleicht a Mann moant, dass eahm eh neamd siacht,
wann er einkehrt in dem Haus mit'n roten Liacht,
so hilft eahm koa A(b)streitn mehr und koa Loign,
man kann dann bestimmt all's zruckvafolgn.
Der Kontoauszug, der sagt dann aus,
wann, wer, wo war und in welchn Haus.
Do kann's a durchaus Vorteile bringa:
Wia soll denn da nu a Banküberfall gelinga?
„Geld her oder ich schieße", braucht dann koana mehr sagn,
der braucht a koan Sack mehr zan Beute hoamtragn.
So a Überfall braucht vielleicht gar nimmer sei,
weil die Gauner hacken si glei in'Computer ei'.
Ihr sehgt's, für derlei Visionen bin i oafach scho z'alt,
i hoff, des Szenario kimmt nu net so bald!

Besuch vom Krampus

Mei Schwester war scho aus da Schui und i nu a Kind,
wia za Niglo za uns amoi a Kramperl kimmt.
Ganz a schiacha mit aner Ruatn aner langa,
der is glei wia a Wilder auf mei Schwester losganga.
Mi hat er gar net angeschaut, i habn gar net interessiert,
der hat si nur auf mei Schwester konzentriert.
Hat ihr heate Äpfin in da Stubn nachgschossn
und ihr de Ruatn in d'Wadln einilassn.
Der Höllische hat ihr wirkli de Höll' ganz hoaß gmacht
und hat zwischendurch ganz teuflisch nu glacht.
I hab ma gfiacht, er wü's wirkli mitnemma,
da is eahm mei Schwester do in d'Kuchl auskemma.
Er nix wia nachi mit sein Buckelkorb der schiache Kunt.
Do auf amoi war de Schiffpiepn herunt'.
„Vadammter Krampas, was hast denn jetzt 'tan?",
so fahrt'n d'Muatta zorni dann an.
S'hoaße Wasser is von Schiff aussagspritzt und is am Bodn
umagrunna,
da war da Kramperl schnell weg mit an lautn Brumma.

Da Doktahund

Mei Tochter war grad ban Häuslbaun,
da hab i für Baustö' a gschmackig's Bratl bratn.
Im Holzofn sche knusprig braun,
es war recht gusterli anzuschaun.
Mit Mehlknödln, Krautsalat und an guatn Saft,
damit de Arbeiter wieder kriagn a Kraft.
Mit dem Gusta war i scheint's net alloa,
denn wia i des Bratl wollt' vom Auto aussatoa,
denki ma: Was is des Schwarze da in mein Auto drin,
nachdem i wieder vo da Bauhüttn aussakemma bin.
Dawei i in'd Hüttn ganga bin mit de Zuaspeissachn,
hat da Hund den Bratn scho grochn.
Bis i des all's überrissn han',
is da Hund mit dem Bratl scho auf und davon.
Während i de Leit erklärt hab, warum heit des Fleisch so
knapp bemessn,
hat des Luaderviech des greßa Trumm scho gfressn.
Wia alle kennt haben von der kloan Fleischration den Grund,
haben alle gsagt: Des war da Doktahund!

Da Grabstoa

Wia vor etla zwanzig Jahrn
de Kathitant is amoi gstorbn,
da halt da Flor(ian) es für sei Pflicht,
dass a schene Grabstatt wird erricht.
Da Hans und da Sepp, (des warn seine Neffn),
aus diesem Grund sich mit eahm treffn:
Wia soll da Stoa ausschau und was schreibn ma drauf,
was derf er kosten und wann stölln man auf?
Si haben si dann geeinigt auf an Termin
und das zerscht fahrn zan Florl hin.
Wia's soweit is gwesn dann
und mitn Grabstoa am Friedhof kemman an,
toan si de zwo auf amoi denkn,
sie wolln den Flor ein wenig neckn.
Sie wolln den Grabstoa alloa aufstölln
und nachher erst den Flor abholn.
Des Begräbnis war ja scho a zeitlang her,
so ganz genau haben's gwisst des Grab ja nimmermehr.
De Schrift war a nimmer recht guat z'lesn,
se suachan Katharina P.------Ja, des is sicher gwesn.
Se richtn über d 'Arbeit dann,
de Blumen sand schnell weggetan,
ausgrissn und am Misthaufen ghaut,
dann wird da Grabstoa aufgebaut.
Stolz bewundern's jetzt eahna Werk.
Dann schnell den Flor owagholt vom Berg.

Se haben'd eahm nu nix gsagt davon,
dass eahna Arbeit schon getan.
Oh Teifi, hat da Sepp glei gsagt,
wia da Flor am Friedhof a andere Richtung eischlagt.
Wia er vor an andern Grab dann steht,
haben de zwo zerscht geschaut recht bled.
D i e Überraschung is geglückt!!!
Für's Erste warn's ja recht geknickt.
Do haben sie si dann schnell dafanga
und hab'nd wieder zan Arbeitn angfanga.
Den Grabstoa abbaut, am andern Grab auf.
Die Blumen vom Misthaufen aussagsuacht und wieder drauf
auf's fremde Grab, des falsch is gwesn
und wo's wohl haben net richti glesen.
Wia's wieder fertig warn mit da Schinderei,
haben's herzlich glacht dann alle drei.

Der Traum

Mit zunehmenden Alter is halt so:
Ma muaß bei da Nacht amoi auf's Klo.
Do oiwei öfter kimmt ma via,
tramt ma, bevor i munter wia,
dass i bei Nacht und Nebel umananderteifelt
und a Klo suach ganz vazweifelt.
Muaß tausend Hindernisse überwindn,
um irgendwo a Klo zan findn.
Hab i oans gfundn dann ganz obighetzt,
is in der Regel scho besetzt.
Bevor i aba d'Hoffnung ganz valorn,
bin i do jedesmal nu munter wordn.
Aba i gib's zua, ganz unumwundn:
i fiacht, mia tramt, i hab oans gfundn.

Vom Fensterln

Es is zwar aus scho vüle Jahr,
dass s'Fensterln geh nu übli war.
Do wann i kram in meiner Erinnerung,
wia i auf oimoi wieder jung.
Denk selig zruck an mei Jugendzeit
und wia's damals vü schena war wia heit.
Wann ma va da Arbeit auf d'Nacht war saumiad,
war ma schnell wieda munter, hat si unterm Fenster was
griahrt.
Ma hat Herzklopfen kriegt, war aufgregt dabei,
de Neugierd war groß, wer kunnt's denn sei?
Toan a paar übermüatige Buam de Nachtruhe störn
oder wü mei Herzliabster mei Stimm neta hern?
Ma hat ghert oft a Flüstern um a bettwarme Hand.
Hoffentli hat d'Muatta nix ghert, hat gsagt da Vastand.
War all's ganz harmlos, s'Fensterkreiz war net umasunst,
nur des Busseln durchs Fensterkreiz, des war a Kunst.
A Loata war net notwendi, war a net vorhandn.,
vorm Fenster is eh a Zwetschkenbam gstandn.
Wer hat denn im Gachtl den Salat a so z'tret,
hat am nächstn Tag de Muatta dann gment.
Dass des nächtliche Treibn unentdeckt bliebn is,
des war damals da Kick,

den heit vüle suachan beim Sport,
den's überlebn mit vü Glück.
Romantischer und reizvoller war's scho früaha,
    kimmt ma via,
wia wann heit alle selbstvaständli aus- und eigengan
    bei da Tia.

S'Fernsehprogramm

I wü grad des Fernsehprogramm im ORF 1 studiern,
aba da miassat ma ja fast in Englisch maturiern.
In da Friah geht's scho los mit HORSELAND, SCRUBS
und mit THE BING BANG THEORY,
les weida dann von PRIVATE PRACTICE,
HOW A MET YOUR MOTHER, GREY'S ANATOMY.
Endlich Schifoahrn, des is was va uns dahoam !
Was hat aba dann "Countdown und City event" dabei
valorn?
A ZIB Flash schnell dazwischen geschaut und dann geht's
weida.
Des Programm wird aba dann a net gscheida.
Mit TWO AND A HALF MAN und COME FLY WITH ME;
MY NAME IS EARL, LIFE, SILENT COOKING
und was woaß denn i.
Da frag i mi; ja wo samma denn dahoam?
Wer denkt si denn aus den ganzn Schmarrn?
Unter Kulturprogramm tat i was anders da vastehn!
An Englisch-Kurs vielleicht, tat des net gehn?
Oder vielleicht Deutsch für de ganz oben,
bevor 's nu werdn ganz abgehoben!

Frauen und Technik

Hast zweitigst zuwi za an jedn Ort
und bewegst di nur z'Fuaß oder mitn Radl fort,
dann denkst: Des Ghatschat und de Treterei,
des muaß ja ois heit nimma sei.
A Moped wa da halt grad recht,
ja, so a Mopperl wa net schlecht.
Bald steht a schwarze Stangl-Puch vor meiner Tia,
do gfahrn bin i mit sowas halt nu nia.
I sitz des erste Mal auf so an Fahrzeug drauf,
dann nimmt's Vahängnis seinen Lauf.
Laß ma schnö' erklärn, Kupplung, Bremsn, Gang.
Dann angstart, Gang eini und gschaut net lang.
Denk ma nu, des kann i bald, da kunnt i wettn,
da steigt's Moped scho auf wia a Raketn.
Gschriagn hab i ois wia a Narr,
dass i 3 Tag dana'nu heiser war.
Dahin is ganga auf da Straß'mit mia,
de Jungfernfahrt vagiss i nia.
Meine Kinder und mei Mann habn Tränen glacht,
habn si allmähli aba a scho Sorgn gmacht,
wei's so lang nix mehr ghert und gsehgn habn va mia,
mia habn dawei ordntli zittert mein Knia.
Hab nur denkt, wia drah i bloß jetzt wieder um
und ob i oisa Ganza va den schwarzn Ross da owa kumm.
Des Moped is a(b)gfahrn mit mia wia d'Sau,
wia i damit hoamkemma bin, hätt i net sagn kinna genau.

Als Nächstes hab i da Vawandtschaft mei neichs Fahrzeug präsentiert,
beim Hoamfahrn is mia dann leider a Malhär passiert.
I wollt um Kurvn, des Moped hätt gradaus fahrn megn,
A so bin i glei in an stechandn Zau'drin glegn.
Oa Wocha lang hab i net draufsteign kinna auf mein Fuaß.
Des kimmt davau, wann ma oissa oide nu Mopedfahrn lerna muaß.

Fruahjahr

Wia i so aussi schau durchn Morgennöbi auf de nackertn
Bam,
merki i, dass I dabei scho wieder vom Fruahjahr tram.
Im Märzen der Bauer die Rösslein einspannt,
so war's vor 50 Jahr nu bei uns am Land.
Schluss dann mit'n Besnbindn und Körblzehn,
dafia Habernbau und Ochsenmehn.
I denk zruck ans Wiesnramma und Feierl anzündn,
Kressbrocka ban Ba'(ch) und Himmelschlüsserl findn,
Palmbuschn weicha und ins Kornfeld stecka
und d'Fensterlbuam toan d'Menscha aufwecka.
An Beichttag haltn und Straubn essn,
Ostaoa pecka net zan vagessn.
So war's im Fruahjahr za da friahrign Zeit,
aba i gfrei mi jetzt a nu genauso, wann da Guga wieder
schreit.
Wann's Lercherl aufsteigt und sei Liad wieder singt.
Da gefreit oan's Leben, ma wird leicht und beschwingt.
De Bleamal und de Bam, all's bliaht nu genauso sche wia
damals als Kind.
Es kimmt halt drauf an, dass ma all's wirkli wahrnimmt.
Gabat sicha nu gnua schene Platzerl auf dera Welt,
aba mei Mühlviertl tauschat i net um vü Geld,
Fruahjahr dahoam im Mühlviertl, was kann's schenas nu
gebn!
Herrgott i bitt di, lass ma's oft nu dalebn.

Fruahjahr 1945

Wia im 80er Jahr mei 87jährige Tant' eigrabn wordn is, hab i beim Begräbnis an Mann troffen, der mia folgende Gschicht dazöhlt hat:

Vor Ende des. Weltkriags is eahm de Flucht aus an Kriegs-gefangenenlager glunga, er hat si aba net hoamtraut, wei dort wa er ja als erstes gsuacht wordn. Er hat si ja denkt, dass der Kriag sowieso nimmer lang dauern wird und hat an Platz gsuacht, wo er si so lang vastecka kann.

Mit vü Glück hat er si bis Selka durchschlagn kinna, wo er si dann am Hofstettnerhaus vastecka hat derfn. Des war da-mals a recht a gwagte Gschicht, wei des neamd mitkriagn hat derfn und des zu aner Zeit, wo an etla Dienstbotn und Landdienstleit am Hof g'arbat habn. Außerdem war da Bauer a Risikofaktor, wei er net vom Rockzipfl der Bäurin weg z'bringa war. De Bäurin hat a de Wirtschaft führn miassn, wei seit'n Tod va eahnern oanzign Kind im 10. Lebensjahr mit'n Bauern nix mehr anz'fanga war. Es hat damals ghoaßn er hat Arterienverkalkung. (Heit sagat ma Demenz dazua). Er, der Flüchtige, hat si 3 Monat am Dachbodn hinter an Bretterverschlag vasteckt ghaltn und tagtägli narrische Angstn ausgstandn, dass de Bäurin ja neamd siacht, wann's eahm des Essn bringt oder s'Schaffl auslad. Wei wann da-mals wer Vadacht gschöpft hätt, warn's alle an de Wand gstellt und standrechtli daschossn wordn. Da hat scho vü Muat und Eifallsreichtum dazuaghert, damit ja neamd was merkt va de Hofleit, einschließli da Bau, der ja wia a kloans Kind oiwei hinter der Bäurin hergrennt is.

Aba a de schware Zeit is umiganga und endli war da Kriag
wirkli aus und des Vastecka hat a End ghabt und er hat
wieder hoamkinna nach Alberndorf. Er hat aba nia vagessn,
wem er des zan Vadanga ghabt hat. Mei Tant hat aba za
koaner Zeit prahlt mit ihrer Heldentat und so hab i erst
beim Begräbnis davau erfahrn.

I war oiwei der Moanung, dass si des alloane durchzogn hat,
hab aba durch Zufall erfahrn, dass in Tragwein amoi a Frau,
de za dera Zeit dort in Selka Dirn war, öffentli geehrt wordn
is, wei si mitgholfn hat, an Kriegsgefangenen z' vastecka.
Wahrscheinli hätt si des sunst gar net macha lassn.

Den Mann, der mir de Gschicht dazöhlt hat, kann i leider
nimmer fragn, der is sicher a scho in der Ewigkeit. I hab mei
Tant'oiwei recht gern megn, aba durch de „Zivilcourage", de
sie damals bewiesn hat, is's in meiner Hochachtung nu mehr
gstiegn.

Geburtstagswünsche für Senioren

Geburtstagfeiern is oiwei wunderbar,
bsunders wann ma schon reich an Jahr.
Grad da is s'Feiern a guater Grund.
Wieda oa Jahr älter, na und?
Is net so schlimm, schlaft ma getrennt
scho lang von seine dritten Zähnd.
Es toan net weh die weißn Haar
und a mit Falten lebt si's ganz wunderbar.
Tuat ma si nimmer so leicht und druckt an s'Alter nieder,
denk ma an was Schens, dann kimmt a s'Lächeln wieder.
De Freid an de kloanen Dinge, de sollt ma si behalten,
des gilt für die Jungen genauso wia für die Alten.
Drum wünsch ma zum Geburtstag heit nu recht vü Freid
und a schene, guate Zeit.
Gesundheit natürli, des is klar
und dass ma uns sehng im nächsten Jahr.

Herbst

I mag en Herbst,
wann'd große Hitz vorbei,
wann d'Herbstsunn ma geniessn kann,
dann wird a guat da Wei'.

I mag en Herbst,
mit seiner guatn Luft,
schliaf gern in meine Wanderschuah nei,
und ziag eahm ei, den Duft.

I mag en Herbst,
wo alles so sche bunt,
der beste Maler auf da Welt,
s'net schena macha kunnt.

I mag en Herbst,
der Wind ghert a dazua,
blast er a d'Blattln va de Bam,
so is halt de Natur.

I mag en Herbst,
wann's stader wird,
und de mehra Plag vorbei,
wei de Sunn und i werdn miad.

Hiatn

A friedlich's Bild in da Natur is heit nua auf da Woad a Kuah.
Ganz z'friedn und brav sand alle Kiah,
so brav warn meine Viecher nia.
So denk i über friaha nach
und es werdn wieda Kindheitserinnerungen wach.
A so a Rindviech is net bled und woaß genau:
Da gibt's jetzt an elektrischn Zau'.
Den fiachtn's, denn der tuat orndtli hecka,
richt mehr aus wia friaha mei Hirtastecka.
Jetzt rennt koa Viech mehr über's Moar,
koa Krautland tuat eahm's mehr antoa.
Amoi is so a eibilderisch'Luada
auf da Sucha nach an bessern Fuada
zwischen Gachtlzau und Hausteich durchigschloffn
und wa'dabei fast glei dasoffn.
Bin gschwind hoamgrennt um Hilfe, hab ma eh fast net
traut.
Wia i zruckkemma bin, hat nur mehr da Schedl ausn Wasser
geschaut.
Auf jeden Fall war des Aufregung gnua.
Wia bring ma's aussa jetzt de blede Kuah.
Zerscht haben ma a(b)lassn glei den Teicht,
bis neta mehr s'Wasser war ganz seicht.
Mit Strick und Stangen is dann ganga irgendwia,
de Kuh aussah z'bringa aus der dreckign Briah.
Bei dem ganzn Angeahts und va lauters Schau',
sand ma de andern Kiah davau.

Auf's Kleeland auffi, dort habns brav gfressn,
bis sa si überfangt haben unterdessen.
Wia vielleicht va de Alt'ren nu wer woaß,
hat ma's mit an Strobauschn in da Goschn umanand triebn
dann im Kroas.
Is si ausganga, haben koane anstecha braucht,
dafia haben mi meine Eltern aba orndtli z'sammgstaucht.
Des warn Erlebnisse, de kann ma net vagessn,
wann a fast 70 Jahr vaganga sand unterdessen.

Italienisch

I woaß net, wo's herkimmt, i kann's net erklärn,
i mag halt oafach Italien so gern.
De italienische Landschaft, d'Musik und de Architektur,
des italienische Flair und de schene Sprach nu dazua.
Italien is halt mei Traum und i fang an glei zan Spinna,
ich mecht unbedingt nu italienisch redn kinna.
Meld'mi an für an Kurs dann glei schleini
und häng mi voll in des Italienische eini.
Ma lernt dort Grundkenntnisse zan Redn
und im Ristorante zan Bestelln.
Was nutzt aba des ganze Vokabelstudiern,
ma wü halt des Glernte a ausprobiern.
I lern dort im Kurs dort a Freundin schnö' kenna,
mit der mach i mi auf nach Linz za an „Italiener".
Da Kellner im Lokal war a Bild von an Mann,
dem wollt i natürli glei zoagn, was i kann.
Voll motiviert, aba ganz leicht valegn
fang i glei an auf Italienisch zan Redn.
Vasuach, eahm beiz'bringa, was i wü'auf mein Tella,
doch er, gestresst, sagt:
„Bitte auf Deutsch, dann geht es schneller!"
Mei Fantasiebild von de italienischn Männer ganz oben,
hat si seitdem ganz leicht nach unten vaschoben.
Die Motivation für Italienisch war drauf schwa gedämpft,
fast hab i da drauf mit de Tränen scho kämpft.
Aba so leicht gib i net auf und bald neich motiviert,
wird scho des nächste Ristorante anvisiert.

Dort hat a fesche, rassige Italienerin serviert
und i hab wieder meine Sprachkenntnisse ausprobiert.
Im fließenden Italienisch wollt i bei ihr bestelln,
doch sie sagt: „Leider, nix vastehn!"
Da denk i ma, des kann do jetzt net sein,
Mei Italienisch war do eh ganz lupenrein.
Do an mein Italienisch is net glegn,
de Rassige is aus Spanien gwen.
De Lust auf's italienische Essn is ma drauf vaganga
und hab ma im Klosterhof gstillt mein Planga.

Jahreszeiten

Frühling

Föhnwind, Aprüweda, Sonnenschei.
bunte Bleamerl, Voglsang, Gugaschrei.
Greane Wiesn, bliahrade Bam, Wonnemonat Mai,
Hoffnung, erste Liebe, glückli sei.

Summa

Dunnaweda, narrische Hitz, Badesacha.
Ferien, Reisen, Urlaub macha.
Schwitzn, Schwammerlsuacha, Eisschlecka, lacha,
Heiratn, Kinder kriagn, vü Arbat macha.

Herbst

Geackerte Felda, a(b)gmahte Wiesn, Schuianfang,
Äpfibrocka, Viecha auf da Woad, Glocknklang.
Wandern, bunte Farbn, Allerheilign, Friedhofsgang,
Ruhige Herbststag geniessen, über d 'Énkelkinder gfrei,
Erntedank.

Winter

Finsternis, Kältn, Schnee, Eis des kracht.
Schifoahrn, Schlittnfoahrn, Schneeballschlacht.
Gmiatliche Stubn, Kerzn, Christbam, Heilige Nacht.
Z'friedn sei, ausruhn, Zeit für a Andacht.

Kuppelei

Im Fernsehn sand jetzt sehr beliebt,
de vü'n Kuppelshows, des gibt.
Ob's bei „Liebesgeschichten und Heiratssachan"
oder bei „Bauer sucht Frau" mitmachen.
Wia si da alle präsentiern,
Handstand und Tänze da vorführn,
des is ja wirkli oft zan Lachn
wia si de Leit zan Aff'n machen.
Und manche Tussi aus da Stadt
des erste Mal a Kuah gsehgn hat.
Mit de Stöckelschuah im Stall is oanerlei,
Hauptsach sie is im Fernsehn mit dabei.
Ob Waldgeist oder toller Hecht,
a jeder gern a Weiberl mecht.
Nach oaner Wochn dann die Qual,
Ob's troffn haben de richtige Wahl.
Des Kuppeln is a Quotenhit,
drum macht fast jeder Sender mit.
Singles suachan a Frau mit Kind,
Schwiegertöchta werdn gsuacht nu gschwind.
Sogar de Karlich, es is net zan Fassn,
kann a des Kuppeln nimmer lassn.
I hab's als Kanditatin nu nia vasuacht,
i wart auf „Schwiegermütter gsuacht".

Lebensreise

Wo komm ich her? Wo geh ich hin?
Was ist des Lebens wahrer Sinn?
Was mach ich falsch? Was mach ich richtig?
Was ist umsonst und was ist wichtig?
Wird bei der Geburt schon mein Schicksal bestimmt,
oder bin ich es, der die Richtung einnimmt?
Das Leben besteht aus vielerlei Fragen,
und niemand kann uns mit Sicherheit die Antwort sagen.
Sicher ist nur: Jedes Leben hat eine begrenzte Zeit
und ist begleitet von Freude u n d Leid.
Sicher ist auch: Alle Güter auf Erden
können nicht ins Jenseits mitgenommen werden.
Darum glaube ich: das Wichtigste auf dieser Welt
das ist die LIEBE und nicht das Geld!

Mei Geldtaschl

Entblättert wia im Herbst de Bam
is mei Geldtaschl, wann i's ausram.
Bring d'Briaftaschn fast nimmer zua,
de Münzen spreizen si ja gnua.
Des schware Gwicht, des is ganz kloar,
kimmt bestimmt net vom Kloageld alloa.
Wei i so ordnungsliebend bin,
hab i glei s'Ausmisten im Sinn.
Leg all's am Tisch her nach da Reih
und schau, was is zan Weghau'glei.
Net de E-card, wei de is fast lebenswichtig,
ebenso d'Bankomatkarten, des is richtig.
Brauch d'Vorteilscard für Bus und Bahn,
dann geht's mit de Kundenkarten an.
Wird's im Supermarkt zan Zahln,
muaß i de richtige Kartn glei hinhaltn.
Ob im Blumenladen oder Bücherei,
oiwei sand de Chipkarten mit dabei.
Ob Textil, -Schuachgschäft oder Drogerie,
überall blattlt i meine Kartn hin.
Und wia net anders zan Erwartn,
find i a a Menge Visitenkarten.
Wü's aber wirkli net riskiern,
a net oane davon z'valiern.
Auf de Fotos va de Enkelkinder, Neffen, Nichtn,
wü i bestimmt scho gar net vazichtn.

Mei Geldtaschn is jetzt dünn und schlank,
Papiergeld find i koans, wei 'i bin blank.
Wei' i aba ohne dem ganzen Zeug kann a net sei',
ram i halt all's glei wieder ei'.

Meine Briaf ans Christkind

Wia i als Kind hab recht dem Christkind vertraut,
hat mei Briaf ans Christkindl so ausgschaut:
„Liab's Christkind, i hab a große Bitt':
Bring ma a schene Puppn mit,
mit an schen Gwandl und echte Haar
und gangatn si vielleicht nu neuche Fäustling aus a Paar?
Mit an Biachl hätt'i a a große Freid,
wei oiwei des Baunkalender lesn wird scho fad mit da Zeit.
Ob'sd ma du net vielleicht gar a kloans Gschwisterl bringa
kunnst?
Wei den Zucker ins Fenster legn war bis jetzt umasunst.
Eventuell kannst da a was macha,
dass i net oiwei glei reahrn muaß, dafia mehr lacha?"
Wia meine Kinder dann selber scho haben ihrn
Wunschzettel ins Fenster glegt,
hab i mei Briafal hoamli a dazua gsteckt:
„Liabs Christkind, wei do mei Hausstand scho komplett,
mit Töpf, Kuchlmaschin bis zan Büglbrett,
drum bitte, mir net heu' wieder was Praktisch' bring,
i gfreiat mi mehr über a schens Gwandl oder an Ring.
Vielleicht kannst ma a helfn da und dort,
dass i mir net so z'Herzn nimm a jeds Wort.
Den Storch, den brauchat i a nimma nacha,
der soll scho liaba an Umweg macha."
Heit schaut mei Briaf ans Christkind wieder anders aus:

„Bitte, liabs Christkind, wannst zuwakimmst za unsern
Haus:
Du brauchst da für mi koana Fiaß mehr ablaufn,
i brauch nix mehr, was ma kriagat z'kaufn.
Is nur mehr Gesundheit und Zufriedenheit an vorderster
Stö'
und gschenkte Zeit, vo wem da wö!
Aba oan Wunsch hätt'i nu und den sag i laut:
Bitte schenk mir do endli a dickane Haut!
Dann mecht i mi nu bedanga, dass'd ma amoi in da heiligen
Nacht
mir zwar koan Gschwisterl, dafia a siaße Enkelin hast
bracht!"

Mundart

I red in da Mundart, des is für mi klar
und i bi(n) damit hoffentlich net alloa.
Mit dem vornehmen Gredad hab i nix im Sinn,
derf jeder wissen, dass i van Mühlviertl bin.
D'Schriftsprache lernt in da Schui sowieso a jeds Kind.
I finds halt schad, wann da Dialekt oiwei mehr vaschwind.
Auf oimal solln d'Großeltern mit de Enkel nur mehr
Hochdeutsch sprechen,
a wann de si dabei a de Zung fast abbrechn.
In unser deutsche Sprach schleicht si a oiwei mehr Englisch
dazua.
Beispiele gabst's da sicha gnua.
Sogar im ORF miassn's beweisn, dass ma si mit Englisch
auskennt,
drum wird dort s'Hauptabendprogramm a jetzt „Primetime"
gnennt.
„News Flash" hoassn jetzt a de Kurznachrichtn.
Mia sand oba in Österreich, mecht i da nur berichtn.
Andere Sprachn kinna is guat, aba i vasteh des net:
Was is dran falsch, wann i in meiner Muattasprach red.
I steh za unsern Dialekt, wei er mia am Herzn liegt.
Drum tuat's ma weh, wann man oiwei seltena z'hern kriagt.
A wei oa Wörter werdn durch andere ersetzt
und werdn wohl ganz vaschwindn zletzt.
„Modln" und „schmoldn" hat heit nehmd mehr im Sinn.
Jetzt is nur mehr schmeichln und kuscheln in.

An „Foachtl" kennan heit scho de wenigan Leit,
habn nur den Trick heraussn, wia macht ma des gescheit.
Und lass i ma's „schlaun" hoaßt: i tua mi beeiln.
Was a „Lah" is, tat i mit aner Muldn umschreibn.
Hat a Auto a „Woa", dann moa i a Delln.
Wann mi was fuchst, dann taut mi des „zehn".
Da kunnt i a langmächtige Listn nu schreiben,
aba damit wü i eng jetzt nimma länga langweiln.
Unlängst hat wer im Fernsehn erzählt vor an Mikrofon,
des hat si so anghert im Originalton:
"Zuerst habe ich auffigeschaut, dann hat es mich
obigehaut."
Damit mia so a vahoadaglt's Gredat net selba passiert,
red i in mein Dialekt drauf los ganz ungeniert.
Wei es is oiwei nu am gscheit'stn gwiß,
ma red, wia an da Schnabel gwachsn is.

Muttertag

I erinnert mi nu gern an mei Kinderzeit,
wia i Blumen brockt hab für mei Muatta voller Freid.
Va drunt van Ba(ch) d'Vagißmeinnicht
und auswendig gelernt hab a Gedicht.
Hab stolz a Zeichnung nu dazu überreicht,
für a Geschenk hat's damals nu net greicht.
Was hat si d'Muatta jeds Jahr gfreid
in ihrer großen Bescheidenheit.
Es sand vaganga hübsch an etla Jahr,
bis i dann selber Muatta war.
Und wieder war's de selbe Gschicht
mit Blumen, Bilder, an Gedicht.
Inzwischen sand Kinder selber groß
und meine Enkelkinder legn eahna Blumen in den Schoß.
So nimmt de Zeit halt ihren Lauf,
aba d'Muattaliab, de hert nia auf.

Die Geistererscheinung

A paar Jahr nach'n 2. Weltkrieg war's, wia in unserer Gegend um Selker a seltenes und höchst mysteriöses Phänomen zu beobachten war. Za dera Zeit hat's bei uns nu koan elektrischen Strom gebn, was die Erscheinung nu unerklärlicher gmacht hat. De Leit habm si grad von dem Schrecken, die der Krieg mit sich bracht hat, a wenig erholt ghabt, wia eahna a ganz a grell's Liacht große Kopfzerbrechen gmacht hat, des an warmen Sommernächten an oan Abend dort und in aner andern Nacht wieder woanders auftaucht is, Neamd hat si erklärn kinna, was es mit dem grellen Liacht auf sich hat, sogar beim Stammtisch beim Wirt in Selka war des a hitzig's Thema. Manche hab'ns fia an bsundern Stern ghalt'n, a paar Ängstliche haben glaubt, die Russen steckan dahinter, die ja damals im Mühlviertel unser Besatzung warn, a paar Fantasievolle haben's fia a außerirdische Erscheinung g'haltn. Vü Leit haben si bei da Finstern gar nimmer aus'n Haus traut aus Angst vor dem Gespenst, wei anders hat ma si des grelle Liacht net erklärn kinna. Damit aba die Angst wieda a End nimmt, haben's was unternehma wolln, und es haben si do a paar schneidige Mannaleit gfundn, die mit Knüppeln und Mistgabeln bewaffnet za dem unheimlichen Liacht zuwigschlicha sand.
So hat si dann ehzeit aussagstöllt, dass unser Oberlehrer aus unserer kloan Dorfschul' in Selka mit aner Karbidlamp'n a aufgespanntes Leintüachl beleucht' hat, um seltene Schmetterlinge anz'locka.

Unser Lehrer war nämlich a leidenschaftlicher Schmetterlingssammler, der's zu aner ansehnlichen Schmetterlingssammlung bracht hat, die heit nu im Landesmuseum in Linz zan Betrachten is. Die ältern Leit in der Umgebung wird'n si vielleicht nu an des dann doch erklärliche Liacht erinnern kinna.

Peinlich, peinlich

De Kathi aus da großn Weanastadt,
lang scho ihr Hoamat nimmer gsehgn hat.
A Klassentreffen kimmt ihr da grad recht,
wei's all's des gern wieder sehgn mecht,
Wo's ihre Kindheit hat vabracht
und sogar oft tramt davon bei Nacht.
Mit ihrer Schwester macht sie si auf d'Roas
und suacht alle Platzl auf, de's heit nu woaß.
Ob's aus der seligen Kinderzeit
vielleicht sogar nu wer kennat heit?
Akkurat, vor ihrn Elternaus ganz in da Nachat,
kimmt ihr via, via wann's wen sachat
beim Fenster aussaschau'vor lauter Neugierd
und der si wohl denkt: Wer hat si da zu uns verirrt.
De Mali kimmt schnell aussagrennt,
ob sie de Leit vielleicht do kennt?
Se schaun si an, a ganze Weil' vageht.
„Ja bist es oder bist es net?"
Ja freili bin i's, des schlagt do all's!"
und falln si lachat uman Hals.
Des Wiedersehn muaß gfeiert werdn!
D'Mali hat eh grad an Mohnstrudl in da Reahrn.
Natürli wird's Geschirr hergnumma des allerbest.
Um nix is schad für die seltenen Gäst'.
Da hoaße Kaffee steht schnell am Tisch,
dazu da guate Mohnstrudl ganz frisch.

De Kathi riahrt und riahrt in ihrm Kaffee,
da Zuckawürfi wü net z'geh.
Und dann der Schreck, des derf net wahr sei:
Da kemman fremde Zähnd zan Vorschei'.
Vor Aufregung und Freid beim Wiedersehen,
hat d'Mali s'Häferl dawischt, wo de Zähnd drin glegn.
De Mali vasinkat am liabstn im Bodn indessen,
d e s Wiedersehen wird's nia vagessn.

Schönheits-OP

Überall steht's in de Zeitungen drin:
Schönheits-OP's sand heit furchtbar „in".
Grundsätzli hab i ja nix dagegn,
wann si s'Teil Leit freiwillig unters Messer legn.
Wann's glauben, dass de andern Leit dann besser gfalln
und si's dann a nu selba teuer zahln.
Aber vasteh kann i des leider net,
dass dadurch dann jemand besser geht.
Vüle scheu'n da koa Risiko,
um zu vaschönern Gsicht, Haut und Po
und manch schönes Dekolleté vadankt heit schon
der Verwendung von Silikon.
Durch Fettabsaugn solln vaschwindn de Bäuch',
de Lippn schaun oft nur aus wia Gummischläuch'.
Oft braucht a Gesichtsstraffung nu a Korrektur,
des Gsicht gleicht dann oft aner Maskn nur.
Abgesehn davon, dass mia des überhaupt net gfallt,
is so a Mensch deswegen jetzt a weniger alt?
Se glauben, se kinnan überlistn de Natur.
I glaub, se betriagn si selba nur.

Schwammerlbrocka

Auf da Nabbanwies, de liag i enk net an,
stengan oft de schensten Wiesnchampion.
Eines Tages bald in da Friah
schaut mei Mann beim Fensta owi und gefreit si als wia.
Was er da siacht, sand lauter weiße Fleck.
Er, in Schwammerlkorb packt und nix wia weg.
Damit eahm ja neamd viakimmt, is er owigrennt pfeilgrad,
wei wann eahm de wer wegbrockat, wa scho schad.
Do via er zuwikimmt, is er daschrocka net zan sagn:
De Schwammerln warn lauter Slipeinlagn.
De Freid war kurz und de Enttäuschung groß,
hätt'er do glei de Brülln aufgsetzt bloß.

Spiegelkabinett

De Gschicht' va heit is wirkli gschehgn,
wia in Neußerling s'letzte Sängertreffn is gwen.
A Wirtshaus gibt's dort, recht nobel und recht groß.
Dort war vielleicht ganz sche vü los.
Der ganze Saal war grammelt voll,
aba lauter nette Leit', i hab mi gefühlt recht wohl
beim Singa, Ratschn und beim Wei'.
Do s'Klo geh muaß halt a amoi sei.
A dort war's a Gedränge, hab braucht vü Geduld,
aba wann ma so spat geht, is ma selba schuld.
A ganz Schlang da vor mir ansteht,
i wundert mi, dass da net mehr weidageht,
wo do so vü Turn sand beiderseitn.
Wieso geht des net schneller, Herrschaftseitn.
Do endli bin dann i an der Reih,
de nexte Tür is jetzt endli frei.
Da siahg i vor mir, des is ja allerhand:
A Frau mit weiße Haar und mit mein Dirndlgewand.
Obwohl i do scho so notwendig muaß,
nimm i mir a nu Zeit für an freundlichn Gruaß.
Aba de Frau, de i grad griaßt hab, ja sappradi,
derselbige Frau, des bin ja i!
Hat a bissl dauert, bis i des endli hab gspannt,
dass i da steh vor aner Spiegelwand.

Stehaufmanderl

Grad kimmt's ma irgendwie in den Sinn,
dass i a recht's Stehaufmanderl bin.
Lieg i a oftmals ganz am Boden,
schwups, bin i ganz schnell a wieder oben.
Des Aufsteh kost' zwar meistens recht vü Kraft,
do hab i's immer wieder gschafft.
Druckt mi a öfters was recht nieder,
raff i mi auf und steh bald wieder.
Suach ma in kloanen Dingen s'Glück
und blick nach vorn und net zurück.
Oft helfn ma de richtign Leit,
de bei mir sand zur richtign Zeit.
Familie und Freunde gebn dann Halt,
sand oft wia Engeln in Menschengestalt.
Drum schau i mit Gottvertrauen auf die Zukunft hin,
denn jeder Tag is a Neubeginn.

Super

I denk grad zruck, wia vor 50 Jahr
des Wort „super" nu net in unserm Wortschatz war.
Ma fragt si, wia ma friaha ohne „super" auskemma is.
Heit gangat des nimma, des is gwiss.
In da Schui hamma gelernt,
dass ma für oan Begriff möglichst vü Ausdrücke vawendt.
Heit genügt's, wann ma des Wort „super" kennt.
Wei so a vüseitigs Wort wia des gibt's selten,
es tuat für guat, sche, prima und toll a gelten.
Statt bravo, tüchtig oder Respekt,
sagst oafach super und des passt perfekt.
Super muaß a für wunderbar, großartig und ausgezeichnet
herhaltn,
klass, fesch oder pfundig sagatn mia Altn.
Und moan i groß, traumhaft oder riesig
und sag net super, so is des spießig.
Sogar nu steigern lasst si des Superwort,
so fahr i in mein Deutschunterricht fort.
Von super auf vollsuper und megageil,
eventuell nu va supercool auf obersteil.
Aba wann'st sagst: „Na super!", dann moanst „oje",
des soll dann Oaner nu vasteh.
Bestimmt a jeder nu was kennt,
für was ma super nu vawendt.
Is scho praktisch, wann ma si so super unterhaltn kann,
de deutsche Sprach is wirkli super dran.

I ertapp mi selba oft dabei,
dass i vawendt den Einheitsbrei.
Für was des Hirn so strapazieren?
Mit „super" kannst eh fast all's scho definieren.

Weihnachtserlebnis einst

Wia i Ende der 40er Jahr nu a klaons Mensch mit ungefähr 7-8 Jahr war, hat's bei uns im Dorf ganz an altn Mann gebn, Baireder hat er ghoaßen, der bei alle Leit recht angsehgn und beliabt war. Leider is er ohne Schuld bettelarm wordn, wei sei Schwiegersohn sei Haus samt eahm vakaft hat und er dann am Hof koa Sei' nimmer ghabt hat. So hat er froh sei miassn, dass er mit seiner Frau in an kloan Häusl in unserm Dorf Unterschlupf gfundn hat und de zwo mitanand oan Raum bewohna habn derfn. Sei Frau war halbwegs was jünga wia er und is in unserer zwoaklassign Volksschui schuldienern und in Summa nu za de Bau'n ins „Taweran" (Tagwerken) ganga, wei a Baunrentn hat's za der Zeit nu net gebn. Mitleidige Bäurinna habend ihr a öfters was zan Essn mitgebn für ihrn Mann, aba im Winter war ja mit da Arbeit bei de Bau'n a nix los. Zan Hoazn hat si de Frau aus de umliegendn Hölza Zepfn und Reisastöwin hoamzaht, dass se si was kocha ham kinna und dass es im Winter net dafreart hat, Strom hat's ja zu der Zeit a nu koan gebn bei uns. So haben si des Zwoa kümmerli fortbracht und haben si in dem Jahr scho auf magane und traurige Weihnachtn eingstöllt ghabt. In der trostlosn Zeit hat aba am 24. Dezember gegn spat, wia's scho a wenig dumpa wordn is, d'Muatta an Weidenkorb mit Speck, Butta, Oa, Schmalz und sogar an extra bachan Wagga hergricht und hat zu meiner Schwester und mir gsagt: „Bringt's des de Bairederleit, de solln a wenig schene Feichta habn!" Ma muaß aba a wissen, dass des za der damalign Zeit nu rare Sachen warn und dort d'Leit alle selba nu net vü ghabt habnd. Mei Schwester hat ihr Zithern mitgnumma, wei's de altn Leit a a bsundane Freid macha hat wolln.

Wia ma aba za den Häusl zuwikemma sand, hamma ma net gnua stauna kinna, wei von jedem Haus im Dorf wer unterwegs war mit de bescheidenen Sachen, de's damals neta gebn hat und des für de armen Bairederleit auf d'Seitn tan habnd. Obwohl's ja nu koa telefonische Absprache gebn hat kinna, haben alle oan Gedankn ghabt und es war all's für a schens Weihnachtsfest dabei, vom kloan Christbaum mit a paar Kerzaln drauf, über Lebensmittl, an Pfeifentabak und sogar a wenig a Scheita für a guate Wärm in da Stubn. Wia dann alle in da Stubn drin warn und mei Schwester auf da Zithern „Stille Nacht, heilige Nacht" gespült hat und alle andächtig mitgsunga haben, sand dem alten Mann und seiner Frau de Tränen nur so über's Gsicht grunna und alle in dem Raum warn ganz ergriffn, se haben a jeder de Botschaft vo Weihnachtn gspüat. Mia is des Erlebnis damals derartig unter de Haut ganga, dass ma bis heit unvergessli blieben is.

Zeitdiab

Mei Zeiträuber is s'Tarockiern.
Kimm unter d'Leit, trainier mei Hirn.
Und wann mi jetzt da wer nu net kennt
und mi vielleicht gar an Zocker nennt,
dem wü i oafach nur erklärn:
S'geht net um vü Geld, i spü halt gern.
I brauch koan Krimi für an Kick,
brauch bloß a Tarockpartie für mei Glück.
Wann's hoaßt oft: „Gschossn und retour",
des is für mi dann Spannung pur.
Mei Kreuzweh kann i dabei glatt vagessn,
bin nur mehr ganz auf's Spü'n vasessn.
Mir is drum gar net load um Zeit,
wei' s'Gstißn jagn, des is mei Freid.

Alte und schon selten verwendete Ausdrücke

arschling	retour, zurück
aunt toa	nicht guttun
angrarig	zudringlich
abipsalign	sich abplagen
a wei oa	viel
benzn	bitten und betteln
Bleaschn	Fieberblasen
bogaschn	dauernd unterwegs sein
Detzl	schmerzhafte Druckstelle
eanta	früher
ehzeit	bald
Feichta	Feiertag
Fiasam (bam)	Randfichte
Foachtl	Trick, Dreh, Wissen, wie man's macht
gach	schnell, jäh
Gfa	Aberglauben
geina	loben
Ghiatat	Genuß, Wohltat
ghoamig	dusig, schlechte Sicht
gmiagn	taugen
Gred	gemauerte Umfriedung eines Hauses
grimma	sorgen, kümmern, fürchten
gschlecht	gerade
habm	ärgern
heifti	viel

hifia	vorwärts
himma	manchmal
letschat	verwelkt, nicht mehr knackig
z'lechsnt	ausgetrocknet, rissig
loabbm	etwas gut vertragen
madln	ausgelassen oder zärtlich sein
mentn	schimpfen, ausschimpfen
mehn (Ochsen)	Ochsen weisen
moast	fast
nawing	verkehrt herum, innen nach außen
Oacht	Ende
rantn	sich Sorgen machen
roacha	Wagen aufladen (Heu oder Stroh)
roagln	fest niederbinden mit einem Strick
rogli	unsicher, gebrechlich
schmauln	Zärtlichkeiten austauschen
schlaun lassen	sich beeilen
Sechta	(Melk)Eimer
segazn	im Morast versinken
seirenzn	sudern, trenzen
s'Gredad	das Gerede
spea	ausgetrocknet, dürr (Brot)
Strauka	Schnupfen
treama	nörgeln
trachten	tummeln, sich beeilen
ura	schaurig, seltsames Gefühl
urassn	Verschwendung betreiben

urappig	uneben
veacht	voriges Jahr
vahoadagln	verschandeln, negativ verändern
Wagga	Germschober, Germgugelhupf
Wiatafel	Nudelbrett
Wischbam	dicke Stange zum Niederbinden
winnig	männer(frauen)närrisch
zän	(Korb)flechten
zein	sekkieren
zettn	etwas verlieren